ALLIANCE

Paix & Fraternité

Pièce féerique en 3 actes

PAR

F. Daniel

Membre du Comité de la Presse républicaine de France

SAINT-AMAND (CHER)

IMPRIMERIE DU NOUVELLISTE

1905

Alliance, Paix et Fraternité

Pièce féerique à grand spectacle

en trois actes et quatre tableaux

PREMIER TABLEAU

Une fête russe au Palais d'Été

DEUXIÈME TABLEAU

Les aventures d'un Parisien. -- Reporters anglais & français

TROISIÈME TABLEAU

La Rencontre des Escadres russes et japonaises

(Décor nouveau)

QUATRIÈME TABLEAU

L'Arrivée d'un Voilier français

APOTHÉOSE

La liberté éclairant le monde

PERSONNAGES

Anatole-Panoplin, décorateur parisien.
John Péper, Reporter du « Liverpool-Gazette ».
Henri Durideau, Tapissier parisien.
Le Gouverneur du Palais.
Un Brigadier de Cosaques.
Le Régisseur du Concert parisien.
Un Facteur du Télégraphe.
Premier Garçon de service.
Deuxième Garçon.
Le Chef de Musique de la Garde.
Un Chef d'Orchestre.
Un Capitaine d'un Navire japonais.
Un Amiral russe.

DAMES

Jenny Moravief, pupille du gouverneur.
La France.

FIGURATION

Promeneurs français et moscovites, musiciens, gymnastes, spectateurs, spectatrices, symphonistes, danseurs, danseuses, matelots russes, matelots japonais, matelots français.

APOTHÉOSE

La Fraternité représentée par la « France médiatrice » prêchant la fraternité des nations.

F. Daniel

Membre du Comité de la Presse républicaine de France
Directeur du « Nouvelliste du Centre »

DU MÊME AUTEUR :

1889. — **A bord de la Revanche,** pièce en un acte.
1889. — **L'Hippodrome au théâtre,** fantaisie-bouffe en deux actes
1890. — **Le Tour de l'Arrondissement en 80 heures,** pièce féerique en cinq actes.
1903. — **Scènes bretonnes,** pièce dramatique en un acte ;

Premier Acte

Premier Tableau

Le décor représente le parc du palais Pétheroff de Saint-Pétersbourg.

Au fond, des massifs de verdure et des arbres de hautes futaies. A droite et à gauche, de vastes allées.

Au deuxième plan, à gauche, un pavillon du château avec balcon, appelé le pavillon du gouverneur.

Au lever du rideau. le décor est illuminé à giorno. De grands cordons de lanternes vénitiennes relient les arbres entre eux, dans tous les sens.

Sur le côté gauche des spectateurs, un cordon partant de l'avant-scène et aboutissant au fond, n'est pas complètement allumé. Une échelle double, qui est restée placée dessous, semble indiquer que les décorateurs y travaillent toujours.

SCÈNE I

LE GOUVERNEUR (*paraissant au balcon*)

Je crois que cette illumination sera fort belle. Décidément j'ai eu une bonne idée de demander cette équipe de français, qui a montré vraiment du génie dans cette entreprise. Sans compter que ces braves jeunes gens, tous parisiens, nous ont promis de nous donner, par contre, une véritable soirée parisienne, organisée avec la seule ressource de l'équipe. Ils sont très ingénieux ces français, et j'espère qu'ils seront applaudis ici comme ils le méritent.

(*Regardant sa montre*). Il se fait tard et je m'étonne qu'à cette heure le courrier ne soit pas encore en distribution. En l'attendant, je vais m'assurer des dispositions prises.

(Il descend du balcon et traverse le parc en se retournant à diverses reprises pour admirer les préparatifs).

SCÈNE II

JENNY MORAVIEF (*Elle porte un paquet de lettres et journaux*)

Mon Dieu ! depuis quelque temps que le service des postes est donc irrégulier. On croirait, véritablement que tous les Moujiks chargés des relais, ont vendu leurs chevaux pour le service de l'armée.

Je suis sûre qu'on m'a déjà appelée...

Huit heures !... il est huit heures, c'est ainsi qu'arrive ici le courrier de six heures.

Je ne sais ce que va dire monsieur le gouverneur, mais il va probablement encore gronder. C'est moi qui, chaque jour, lui porte sa volumineuse correspondance.

Qu'est-ce qu'on lui adresse, ce soir ? Voyons. Retard pour retard ; à quelques minutes près, on ne pourrait gronder bien plus fort. En voilà une correspondance ! Qu'est-ce que tout cela ? Une lettre d'Irkousk... De Volga... De Moscou... (*elle feuillette toujours les plis*). Rien du Japon.

Ah, l'*Oural !* Quelles nouvelles peut bien nous apporter ce brave journal ?

(*Elle lit*) « Un engagment a eu lieu lundi, près de Maniskoff, les Japonais ont perdu beaucoup de monde. »

(*Pensive*). . Et les nôtres ?

(*Lisant*) « Nous n'avons, en revanche, perdu que quelques éclaireurs. »

(*Haut*) C'est déjà trop. Ah ! cette fatale guerre ! Elles m'intéressent moi les nouvelles de là-bas. Mon frère, qui est au premier corps, ne nous a pas écrit depuis des mois et des mois.

Qui sait s'il est encore parmi les vivants.

(S'essuyant les yeux, comme si elle venait de verser des larmes, elle remet le journal sous sa bande).

Allons ! ne soyons pas si triste en ce jour de grande fête. Un proverbe français ne dit-il pas :

Pas de nouvelles, bonnes nouvelles.

Eh bien alors... C'est entendu, j'essaierai de reprendre ma gaieté. Ne m'appelle-t-on pas Jenny la joie de la maison. J'ai peut-être tort de me tourmenter ainsi.

Je vais d'abord porter mon courrier.

(Elle rentre au rez-de-chaussée du pavillon).

SCENE III

ANATOLE PANOPLIN (*seul*).

Il entre en scène par le côté droit des spectateurs, coulisse 2e plan. Il est porteur de plusieurs ballons et lanternes vénitiennes allumés. En faisant son entrée il fredonne :

Viens Poupoule ? Viens Poupoule, Viens.

(S'arrêtant subitement, haut au public).

Mon Dieu c'que ça s'est chanté, c'te scie là !

Qu'çà donc fait fureur sur les boulevards, c'truc-là ! Vous vous en souvenez, hein ? Ensuite, çà été les barbaries, les chevaux de bois. Ah ! mes amis, fallait voir çà à la foire au pain d'épice...

C'est pas tout çà; y faut que j'termine ma décoration.

(*Se grattant la tête*). Qu'est-ce que j'mettrais bien là ? Une tulipe ou une lune ? J'pourrais la leur montrer la lune, aux Russes, quoiqu'il n'y en ait pas cette semaine. Tiens, ce gros giraumon, il fera un effet superbe à cette place. (*Il le fixe*).

SCENE IV

LE MÊME, puis JENNY.

(Anatole échelonne ses lanternes. Puis, apercevant Jenny, il dit, haut au public) :

Tiens, moi qui fredonnais, tout à l'heure, d'un air tout à fait indifférent : Viens Poupoule ? je ne m'attendais pas à cette heureuse rencontre... Ah ! la charmante personne. Elle est vraiment bien, cette jeune Moscovite. (*à Jenny*). Mademoiselle, vous cherchez quelque chose ?

JENNY

Non... quelqu'un.

ANATOLE

Mais je suis quelqu'un aussi, mademoiselle. Et, bien que je sois perché là-haut, il ne faut pas me prendre pour un serin, ni même pour un perroquet.

JENNY

D'abord, qui êtes-vous ? Et que faites-vous ?

ANATOLE

(Il descend de l'échelle).

Qui je suis ? Eh bien je vais vous le dire, mademoiselle. Je suis tout simplement Anatole Panoplin, 23 ans, profession de décorateur, parisien de naissance, faubourg Montmartre, et français par dessus l'marché. Pour vous servir, mademoiselle. (Il salue en s'inclinant).

Ce que je fais ? Vous le voyez, mademoiselle, j'allume... J'allume de modestes bougies en attendant que j'allume autre chose. Dans votre cœur, par exemple, une flamme tout autre que la stéarine. (*au public*). Est-ce tourné un compliment comme ça ?

(*Toujours en aparté*). Elle est vraiment très bien et comme je serais partisan de l'alliance franco-russe !

(Il imite un baiser sur sa main).

JENNY

Vous êtes parisien, m'avez-vous dit. J'ai beaucoup entendu parler de Paris. Il paraît que c'est si beau. Mon frère qui sert au régiment de la garde, le cadet de la famille, a accompagné, il y a quelques années, la mission des officiers de marine et il m'a donné beaucoup de détails sur votre capitale.

ANATOLE

Oui, c'est beau, Paris, c'est même très beau, mais vous trouverez peut-être que c'est un peu loin.

Vous comprenez, huit jours en chemin de fer sans débrider, c'est dur, surtout quand on voyage en première de zouaves.

JENNY

Comment êtes-vous ici ? Contez-moi cela ?

ANATOLE

Ah ! Mademoiselle, il n'y a aucune indiscrétion à vous expliquer pourquoi et comment je me trouve à St-Pétersbourg.

JENNY

Je suis toute oreilles.

ANATOLE

Je travaille rue de la Folie-Méricourt, à Paris, pas ? chez un décorateur entrepreneur de fêtes, réceptions, décorations et de tout c'qui finit en on, comme ballons. Or, il y a quelques semaines, l'ambassadeur de France qui devait donner une grande fête au palais de l'ambassade, fit écrire, à mon patron, s'il voulait se charger de la décoration du palais et s'il pouvait, à cet effet, emmener avec lui une équipe d'ouvriers parisiens.

JENNY

J'étais avec mes maitres à la fête de l'ambassade, c'était bien beau.

ANATOLE

Permettez... Comme je suis un des anciens apprentis de la boîte, l'patron m'dit : Natole, veux-tu être des nôtres ? j't'emmène travailler à la banlieue, tu seras dégrevé de tous les frais ? Çà m'va, que j'dis. J'préviens ma tante Filine, ousque j'prends pension, etil m'enmène avec vingt autres copains. Nous ne sommes pas mécontents, seulement on a trouvé que la banlieue s'étendait un peu loin.

JENNY

Comme elle est drôle, votre histoire. Vous avez fait un bon voyage ?

ANATOLE

Merci, assez bon, mais un peu fatigant tout de même. Ce n'est pas fini. Alors, comme les invités vos compatriotes, l'Empereur lui-même, a trouvé que la décoration de l'ambassade était ravissante, il a confié au singe la décoration du palais pour la fête d'aujourd'hui.

JENNY

Vous avez un singe ? Ah ! dites-moi, vous me le montrerez, n'est-ce pas ?

ANATOLE (*riant*)

Un singe, non. C'est l'patron ! .... On appelle çà un singe pasque ça fait toujours des grimaces, c'est comme les sapajous. J'vous l'montrerai si il vient donner son coup d'œil. Le coup d'œil du maitre, pour s'assurer que nous avons travaillé à son goût. Mais, croyez-moi c't ype-là, ne peut pas vous intéresser.

(On entend dans la coulisse un bruit de pas saccadés puis des chants).

ANATOLE (*surpris*)

Qu'est-ce que c'est que çà ? Mademoiselle, ce n'est pas la fête qui commence ?

JENNY

Non. C'est la patrouille qui a l'ordre de visiter toutes les allées du parc avant que l'ordre d'ouverture des portes ne soit donné, afin de s'assurer qu'aucuns nihilistes ne se trouvent dissimulés derrière quelques massifs. C'est la consigne et elle est sévère ici.

ANATOLE

Je serai très heureux de rencontrer madame la patrouille. Nous autres, parisiens, nous aimons beaucoup les militaires. Vous savez, comme dans la *Grande duchesse. Il imite la grosse caisse*).

Zim ! Boum ! Boum !
Ah ! J'aime les militaires
Ah ! j'aime les militaires
Et leurs moustaches
Et leurs moustaches
Et leurs plumets
Zim ! Boum ! Boum !

JENNY

Je vous en prie, faites moins de bruit et surtout ne plaisantez pas avec les Cosaques. Vous savez qu'ils n'écoutent que leur consigne.

Terminez vite votre ouvrage et enlevez votre échelle. Moi, je courres faire ma toilette pour la fête. Bonsoir. (*Elle sort*)

SCÈNE V

ANATOLE (*seul*)

Comment, elle s'en va. Est-ce que par hasard, elle voudrait

me laisser manger par les Cosaques. Que je suis bête, ils ne mangent que de la chandelle.

(Il remonte sur son échelle et place et déplace quelques lanternes.

SCÈNE VI

(La patrouille composée de huit Cosaques de la garde, commandée par un brigadier, débouche du parc, côté droit du spectateur. Les militaires sont sur deux rangs et le chef marche un peu sur le flanc de la colonne). Ils chantent :

Refrain

Nous sommes les petits cosaques
De par l'Empereur exempts du sac,
Chaque jour nous sommes préposés
A la garde de Leurs Majestés.
Chaque jour nous sommes préposés
A la garde de Leurs Majestés.

1er Couplet

Choisis parmi les plus robustes
Des régiments de la garnison,
Nous comptons des victoires augustes
Car nous sommes le meilleur peloton
Nous comptons des victoires augustes
Car nous sommes le meilleur peloton

Refrain

Nous sommes les petits cosaques
De par l'empereur exempts du sac
Chaque jour nous sommes préposés
A la garde de Leurs Majestés,
Chaque jour nous sommes préposés
A la garde de Leurs Majestés.

2e Couplet

A notre allure militaire
On voit bien ce que nous valons
Et si nous allons à la guerre
Glorieusement nous nous battons
Et si nous allons à la guerre
Glorieusement nous nous battons.

Refrain

Nous sommes les petits cosaques
De par l'Empereur exempts du sac
Chaque jour nous sommes préposés
A la garde de Leurs Majestés,
Chaque jour nous sommes préposés
A la garde de Leurs Majestés.

ANATOLE

Ils sont charmants ces petits cosaques. Et dire qu'ils mangent tant de chandelles. Ils sont bien graissés, c'est pourquoi ils chantent si bien.

LE BRIGADIER

(Feignant de se heurter contre l'échelle). Halte ?
(La patrouille s'arrête court).
Qu'est-ce que c'est que çà ?

ANATOLE

Monsieur le cosaque, je vous en prie, ne me faites pas descendre en gros, je pourrais me démolir quelque chose. Et foi de parisien, çà ne m'amuserait pas beaucoup.

LE BRIGADIER

Qu'est-ce que vous faites-là, à cette heure ?

ANATOLE

Pardon, il en est huit. — Vous le voyez, je travaille.

LE BRIGADIER

Le mot de passe ?

ANATOLE

(*Se grattant la tête*). Pour le tzar ! Pour la Patrie !
C'est bien çà, hein ? (*à la première phrase, instinctivement les cosaques de la patrouille portent la main à leurs bonnets.*)

LE BRIGADIER

C'est bien notre devise, mais ce n'est pas ça, mon garçon. Pour ta gouverne : Moscou-Morawieff.
Et qu'une autre patrouille ne t'y reprenne pas.. C'est à ta qualité de français que tu dois de rester libre.

ANATOLE

Est-ce qu'il en passe beaucoup, des patrouilles comme çà dans une soirée ?

LE BRIGADIER

Autant qu'il y a d'étoiles au firmament.
En avant ! marche !
(La patrouille se remet en marche, elle traverse la scène et reprend le refrain.

SCÈNE VII

ANATOLE

Ce serait beaucoup, autant que d'étoiles, il a voulu dire de lune, le brigadier. Pour sûr, qu'une autre patrouille ne m'y reprendra pas. (*Ce disant, il transporte l'échelle dans la coulisse à gauche.* Du reste, j'ai terminé et je vais faire un brin de toilette pour assister à la fête.

Je mettrai ma redingue, mon huit reflets, mes mitaines et on verra comme un vrai parisien sait maintenir à l'étranger le bon renom de la France.

SCÈNE VIII

LE MÊME, puis JENNY

(*La jeune russe a changé de costume. Elle a pris sa tenue du dimanche*). Vous partez, monsieur le parisien ?

ANATOLE

Oui, mademoiselle je pars, mais je reviendrai lestement.

JENNY

Tenez, voici des tickets d'entrée pour vous et vos amis. Vous voyez qu'on ne les a pas oubliés nos amis les français.
(Elle lui tend les tickets).

ANATOLE

Merci... Oh ! que vous êtes aimable et comme les copains vont être heureux. Si j'osais..... (*A part*) Oh ! Cette moscovite ! (*Haut*) Merci... Merci et à bientôt. (*Il sort*)

JENNY

Au revoir ! (*Elle fait le geste de lui adresser un baiser*).

Il est vraiment très bien ce jeune parisien et si j'en croyais les premiers élans de mon cœur... Oh ! Les artilleurs de la garde, la fête va commencer.

SCENE IX

(Arrive à ce moment la musique de l'artillerie de la garde en grande tenue, au nombre de cinquante musiciens. — Avant de commencer le premier morceau, sur un ordre du chef, tous les musiciens font le salut militaire et poussent le cri de : Pour le tzar ! pour la Patrie !

La musique exécute comme premier morceau l'hymne national russe.

Le public assez nombreux qui se promène un peu partout dans les allées du parc, applaudit et crie : Vive la garde ! La musique exécute un grand morceau. Ouverture ou fantaisie.

Anatole se promène dans le parc, mêle au public des promeneurs, il est en tenue de ville. Il reconnait Jenny et vers la fin du deuxième morceau, il lui parle à voix basse.

(Après les applaudissements du public, s'adressant à Jenny :)

ANATOLE

Si vous le permettez, mademoiselle, pendant l'exécution du morceau final nous irons admirer les illuminations du parc. Je vous offre mon bras ; car nous n'aurons que juste le temps avant la fermeture des grilles du château.

JENNY

Je veux bien. Je serai très fière d'être à vos côtés.

ANATOLE

Il faut que je vous apprenne que nous vous avons ménagé une surprise.

Mes camarades de l'équipe et moi nous avons organisé une fête à la française, vous m'en direz des nouvelles. Hâtons le pas.

SCENE X

Les mêmes moins Jenny et Anatole

La musique joue son dernier morceau, la marche de Michel Strogoff. Le morceau terminé, la foule s'écoule lentement, la musique se retire dans les coulisses.

SCÈNE XI

Un groupe de jeunes gens, costumés en gymnastes entrent au pas gymnastique dans le jardin. Ils sont tous porteurs de lanternes multicolores.

Ils chantent en courant :

Anatole ! Anatole !
C'est une vraie course folle !
Quel malheur ! Quel malheur !
Qu'est devenu ce déserteur ?
Quel malheur ! quel malheur !
Qu'est devenu ce déserteur ?

Couplet

En fouillant tous les petits coins
Peut être le retrouverons-nous bien
A moins que parti pour Paris
Il ne soit bien loin d'ici.

Refrain

Anatole ! Anatole
C'est une vraie course folle
Quel malheur ! Quel malheur !
Qu'est devenu ce déserteur ?
Quel malheur ! Quel malheur !
Qu'est devenu ce déserteur ?

(*Rideau*).

Deuxième Acte

SCENE I

ANATOLE *(seul)*.

(Au lever du rideau, il est assis sur un banc et s'éponge le front avec son mouchoir. Il paraît exténué et a déposé son chapeau sur le banc).

Ouf ! M'en ont-ils fait faire une course au clocher, ces lapins-là !

(Imitant les coureurs) Anatole ! Anatole !

Eh bien vrai, ah ! mais là pour de bon, je dois le savoir que je me nomme Anatole. Je ne sais pas ce qu'ils avaient comme çà à me poursuivre, avec leurs lanternes.

On eut dit vraiment que j'avais commis un crime et que toute la maréchaussée du pays avait contre moi un mandat d'arrêt.

Tout cela parce que cette charmante moscovite a bien voulu me faire les honneurs de la maison. Elle a insisté pour me faire visiter toutes les allées du parc, aussi je lui avais offert très élégamment mon bras, qu'elle a accepté en souriant du reste, sans songer à mal.

Ça doit être la jalousie qui les a inspirés. Ou bien craignaient-ils, les copains, que je leur joue un tour de ma façon en me tirant des flûtes à la dernière heure. Non, qu'ils se tranquillisent.

Je sais qu'ils ont besoin de moi comme régisseur, puisque c'est moi qui a eu l'idée de cette fête populaire ; foi de parisien, je jure que je ne manquerai pas à la parole donnée.

Tout sera prêt comme je l'ai annoncé et j'espère que le peuple russe ne s'ennuiera pas en notre compagnie.

On ne sort pas du Conservatoire, mais on a ses petits talents de société.

(*Il se lève*).Voyons un peu si tout est bien en place.

C'est un vrai concert parisien, un régal que je veux leur offrir. Ce sera charmant, pourvu que mes artistes ne me fassent pas défaut.

(Durant cette dernière phrase il place et replace des chaises et des tables, pour se donner une contenance et figure un peu la mouche du coche).

SCÈNE II

Anatole, Henri

ANATOLE

Tiens, te voilà ? Çà va bien ?

HENRI

Merci. Te voilà enfin retrouvé. Bon Dieu ! Quelle frousse tu nous a donnée.

ANATOLE

Donne moi une cigarette et explique-moi comment j'ai pu vous donner la frousse ?

(Ils se mettent à cheval sur chacun une chaise et causent amicalement).

HENRI

Nous t'avions aperçu avec la petite. A un moment donné, près de la grande cascade, nous nous croisons avec une patrouille de Cosaques. Nous forçons le pas gymnastique afin de t'avertir, puisque nous t'apercevions dans le lointain.Tu gagnes, ou vous gagnez un fourré et nous perdons votre trace.

Les Cosaques qui ne comprenaient rien à notre manœuvre, se figurant que, peut-être, un vol venait d'être commis pendant la fête, ou que des nihilistes signalés, avaient été reconnus, rebroussent subitement chemin et nous donnent une de ces chasses, comme il n'est pas permis.

ANATOLE

L'équipe doit être efflanquée ?

HENRI

J'te crois. Zidore, le grand peintre, tu sais, eh bien il a perdu ses chaussons à c'jeu là.

Je n'ai pas fini de te conter. Nous apercevons une porte de

sortie qui donne sur un autre boulevard dont le nom se termine en Koff, mais tout autre que celui par lequel nous étions entrés. Nous nous dirigeons de ce côté,nous bousculons le factionnaire, traversons la rue et nous nous enfourchons chez l'†roquet du coin tandis que le cosaque abasourdi croise la baïonnette à la patrouille qui nous poursuit,en lui demandant le mot de passe, que nous aurions été bien en peine de lui donner.

ANATOLE

Ah ! mais c'est charmant, ton récit. Tu vois que la gymnastique a du bon,

HENRI

Tu appelles çà charmant, toi, tu es gai. Je trouve que çà été éreintant. Enfin, personne de mort, et personne de blessé, c'est déjà quelque chose.

ANATOLE

Alors la troupe sera au complet pour le concert ?

HENRI

Absolument. Il ne manquera pas un bouton de guêtres.Zidore s'est muni d'une paire de chaussures que nous lui avons achetée par cotisations (Changeant de ton). — Et la petite moscovite ?

ANATOLE

Chut ! Nous en reparlerons. Voici quelqu'un.

SCENE III

ANATOLE, HENRI, SIR JOHN

(L'Anglais, qui est un reporter de journaux, a un crayon et un petit calpin à la main. Il se tourne et se retourne à maintes reprises, il lève les yeux au ciel pour admirer les illuminations).

SIR JOHN

Biautifoule ! Biautifoule ! Souperbe ! Souperbe ! Je vais taout de souite télégraphier au *Liverpoule Gazette* que les dispositiones pour cette fête de nouit sont manifiques.

Si le concert, les chanteurs, les miss et mistress rossignols sont aussi souperbes, ce sera réoussi. Yess !

(Apercevant les deux français qui se sont levés et qui chuchottent dans le fond du jardin, à voix basse.)

Padon, Gentlemen ! Avez-vo entendu pâler de ce évènement, qui est errivé tout récemment, pendant le fête.

HENRI

Du tout, monsieur.

JOHN

C'est sourprenant ! Je étais dans le parc, pendant que l'excellente miousique de la garde, donnait ce souperbe concert et, dans une groupe de auditeurs on disait : C'est grâve ! C'est très grâve ! C'est oune enlèvement de miss Djenni, la fille du gouverneur de cet château.

Pouis, des jeunes Gentlemene sont venous avec force lanternes magiques mioulticolores et, voyant que le fouite de miss était certaine, ils sont pâtis plou vite que l'express de Livepoule, sans doute pour rejoindre eux.

ANATOLE

Nous sommes ici, mon ami et moi, depuis le commencement de la fête et nous n'en avons nullement entendu parler.

JOHN

C'est de plous en plous surprenant. Je voulais pourtant pas écrire un erroure à master *Livepoule-Gazette*.

ANATOLE

D'autant plus que les télégrammes nécessitent pas mal de copecks.

JOHN

Yess ! Il faut beaucoup de copecks dans ce pays. Je en sais quelque chose et mon jornal aussi.

ANATOLE

Les finances russes ne s'en plaindront pas.

JOHN (*s'adressant à Anatole*)

Gentlemen ? Je voulais demander à vous ceci : Vous êtes bien, si moa, pas se méprende du tout, le reporter français que je rencontrai, depuis plusieurs fois, même depuis toujours en quelques semaines, à Pétersbourg ?

HENRI

Messieurs je vous quitte. Je vous laisse converser, j'ai à faire autre part.

ANATOLE A HENRI

Va et surveille l'équipe ? A bientôt : (*Henri sort*)

SCÈNE IV

ANATOLE ET JOHN

ANATOLE

(*à part d'abord.*) Il me prend pour un reporter. Attends un peu l'english.

(*A sir Jonh*) Oui, Gentleman, vous ne vous trompez pas.Je fais le service télégraphic-dépêches pour plusieurs des grands organes de Paris.

Et si vous voulez une nouvelle aussi fraiche que les eaux de la Néva, en voici une.

JOHN

(*Au public*) Je savais bien que je trompai pas moa. Sir John,jamais ne se trompe quand il s'agit de reconnaître un confrère. Le flair britannique (*à Anatole*) Et votre nouvelle ?

ANATOLE

Il y a un ballon qui est parti de Vladivostock et qui a apporté des nouvelles fraiches de la guerre.C'est l'enlèvement dont vous parliez tout a l'heure, probablement. Une erreur télégraphique.

JOHN

Et moa qui croyait à cette histoire de Miss Jenny, la fille de Gouverneur. Je étais bien loin du vérité. Ces reporters français sont vraiment supériores.

Et que annonçait ces dépêches ? Port Arthur est-il toujours en bonbardement ?

ANATOLE

Mon ami Arthur se porte bien, merci.

JOHN

Vous avez un ami dans cette lointaine ville ?

ANATOLE

Comme je vous le dis.

JOHN (*prenant son carnet*)

Alors, je pouis télégraphier à *Liverpoule Gazette* ; Arthour se porte très bien.

ANATOLE *se moquant*

Oui, mon vieux porc salé.

JOHN

Ainsi que le vieux port (*répétant*)

ANATOLE (*criant fort*)

Salé !

JOHN (*appuyant*)

No ! Arthur !

ANATOLE

Si, Salé... Après tout je crois que vous pouvez mettre les deux, Arthur Salé. (*riant*).

JOHN

Pour un mot de plousse, je serai biocoup plou z'exacte.

ANATOLE (*à part*)

Je vais t'en donner de l'exactitude.

JOHN

Pour terminer, revenons, if you please à l'incident de miousique ? J'y tenai beaucoup, confrère ?

ANATOLE *faisant la grimace*

(*A part*).Moi pas du tout, nous ne sommes pas du même avis. *(Haut)* Plus tard. J'ai affaire au télégraphe.

JOHN

Moi aussi, je allai au télégraphe. Je allai même tout de souite.

ANATOLE

Eh bien, monsieur John, je vous cède mon tour de guichet, tenez, voici mon ticket d'ordre. Passez le premier et restez-y longtemps ?

JOHN (*souriant*).

Good Night, gentlemen Natole, grand merci pour vos précieuses renseignements. A oune autre fois. (*Il sort*).

SCÈNE V

ANATOLE *gouailleur*

Oui mon vieux, ya pas d'quoi ; à ton service, tu peux recommencer pour le même prix. Les lecteurs de ton canard seront bien servis.

(*D'un ton sérieux*). Je vous demande de quoi il se mêle celui-là ?

Pourvu que d'autres ne connaissent pas notre fugue et que l'évènement s'arrête là... Qu'en résulterait-il ? Je ne sais. On ne peut prévoir quand on ne connait pas les coutumes et les lois d'un pays. Et pourtant... notre promenade n'avait rien de suspect, je vous assure.

(*Anxieux*). Les cosaques nous auraient-ils reconnus ? Je me souviens que nous avons croisé une patrouille près de la pièce d'eau. Et puis je ne me souviens plus..... Un instant après, au moment où nous entrions dans une sorte de labyrinthe, sont arrivés les copains à notre poursuite. Ils passent, puis,plus rien.

Pauvre Jenny, comme elle souffrirait, si elle supposait...

Sans ce maudit anglais, il ne me serait pas venu d'idées aussi noires à l'esprit. Après tout, il sait tout et ne sait rien. Si c'était un piège ?

SCÈNE VI

Anatole puis Henri

HENRI

Mon ami, je viens te trouver comme messager. Je viens de voir mademoiselle Jenny. Elle assistera à la soirée, elle n'a rien entendu dire au dehors. Chez le gouverneur tout est passé inaperçu. On ne sait rien... rien... rien... Si tu veux m'en croire, soyons tout à la fête. On vient d ouvrir les portes, le public se précipite aux guichets, nous ferons salle comble. Prends au sérieux ton rôle de régisseur, et à la Française !

ANATOLE

C'est dit : A la française !

(*Ils sortent*). Un nombreux public entre dans le jardin dans lequel est installé un petit théâtre. Il y a de nombreuses chaises et tables de jardin disséminées un peu partout.

SCÈNE VII

Le public s'installe et parmi les nombreux spectateurs on retrouve aux places les plus en vue, le gouverneur, l'anglais et Jenny

(On frappe les trois coups et le concert commence).

PROGRAMME DE LA REPRÉSENTATION

1° Numéro. — **Grande Valse par l'Orchestre**

Après ce premier morceau le public applaudit fort.

Le régisseur frappe à nouveau.

JOHN

Garçon, une paile aile ?

LE GARÇON

Voilà monsieur, voilà.

JOHN

Est-il à la glace ?

LE GARÇON

Yess, gentleman. A la glace de la Néva.

2° Numéro. — **Bonsoir Madame La Lune**

1er Couplet

Pierrot sortant du cabaret
Un soir que pour noyer sa peine
Il avait bu du vin clairet
Revenait par la nuit sereine
Le firmament resplendissait
Les étoiles étaient en fête
Et Pierrot qui seul devisait
Dit soudain en levant la tête :

Refrain

(Bis) Bonsoir, madame la lune, bonsoir
C'est votre ami Pierrot qui vient vous voir
Bonsoir madame la lune.

2e Couplet

Je crois que je suis un peu gris
J'ai pris plus qu'il n'est raisonnable
C'est que ce tantôt j'ai surpris
Pierrette grandement coupable,
Alors, de douleur éperdu
J'ai chassé l'amante méchante,
Et puis j'ai bu, j'ai bu, bien bu,
Si bien que maintenant je chante.
Refrain

3e Couplet

Je vais rentrer chez moi tout doux
Tout seul comme un célibataire,
Car pour converser avec vous
Vrai ! Je suis par trop gris, ma chère ;
Puis vous avez là-haut, ma foi,
Des airs de lune qui flagorne,
Je crois que vous riez de moi,
Tu Dieu ! Vous me faites les cornes.
Refrain

4e Couplet

Rentrer, qu'ai-je dit là, bon sang
J'ai chassé tantôt la perfide
Et j'ai peur, oui peur à présent
Du logis froid, désormais vide,
Je vais là comme un indigent
M'endormir au vent qui frissonne
Bercé par vos rayons d'argent
Et rêver que je lui pardonne.
Refrain

(Ce morceau est très applaudi. Il y a un bis).

JOHN

Encore la loune. Toujours la loune, ici. Changez if you please ? Montrez le souleil ?

PLUSIEURS CONSOMMATEURS

Silence ! Silence ! A la porte l'Anglais ? A la porte !

JOHN

Je souis dehors. Inoutile de me mettre à la porte.
Je serai même, pareil. Imbiciles !

PLUSIEURS CONSOMMATEURS RUSSES

Comment, Imbéciles !

ANATOLE

Mes amis, je vous en prie, ne troublons pas la soirée. Je connais sir John depuis longtemps, c'est un confrère. Il parle très mal le russe. Il n'a pas compris et il a manifesté sa joie en son langage. En Ecosse, imbécile signifie bravo !

JOHN

Gentleman ! Natole ! Vous avez le tradouction facile. Je vous remercie en attendant que je vous prouve le reconnaissance de moâ.

ANATOLE

Confrère, tenez-vous tranquille, ou je ne réponds plus de rien.
On frappe trois coups et le programme se continue par une fantaisie pour violon.

3e numéro

Une tantaisie pour violon.

SCÈNE VIII

LES MÊMES, UN EMPLOYÉ DU TÉLÉGRAPHE

(L'employé s'adressant aux garçons de café).

L'EMPLOYÉ DE TÉLÉGRAPHE

S'il vous plait m'indiquer la personne ici qui se nomme John Piéper, reporter anglais. C'est son adresse.

LE PREMIER GARÇON

Je ne pas connaître.

LE DEUXIÈME GARÇON

Tenez, c'est ce personnage qui est assis là-bas à cette table.

L'EMPLOYÉ DU TÉLÉGRAPHE

Merci. (*S'adressant à John*). Gentlemen, voici un télégramme à votre adresse

JOHN

Donnez, petite garçone. Tenez voilà, pour vo,cinq copeck ?

L'EMPLOYÉ DU TÉLEGRAPHE

Grand merci, Signor (*Il se retire en faisant une grande révérence*).

JOHN

Il parlait plousieurs langues, cet employé, c'est très bien vou pour le étranger. (*Décachetant sa dépêche*). Voyons un peu, *Liverpoule Gazette* à John Piéper. Avez adressé oune telégramme stoupide. Tjornal ayant poublié a été démenti par toute la presse d'Europe.

(*Navré*). Et c'est cette français qui me avait renseigné Ah ! cette.. .. comment dire (*Il feuillette son dictionnaire de conversation*) cette... cette animal, cette..... grotesque d'jornallisse. Je touerai loui.

SCÈNE IX.

Les mêmes. *Le Régisseur*

Mesdames, Messieurs, le concert français va continuer par le plus grand succès de Paris.

(Trois virtuoses du pavé munis de guitares, de mandolines et de violons viennent chanter la chanson nouvelle).

4e Numéro — **La Combinaise**

A l'époque où noue vivons
Tout l'monde veut être millionnaire
Faut combiner son affaire
Pour avoir un' situation
Voyez au champs d'courses
Quand sur sa vieill' rosse un jockey met sa bourse
Il a la ressource
D'arriver tout d'même et dit au favori
Laiss'moi gagner l'prix
Et des bons gogos
Nous partagerons l'gâteau

Refrain

Si tu veux faire avec avec moi la combiné
Nibé, Lubé,
Pin ! Pin ! La combinaise, ah !
Mon vieux rat
T'en auras
Mais si tu n'veux pas faire la combiné
Nibé, Lubé,
Pin ! Pin ! La combinaise, oh !
Mon poulot
Alors j'te fous dans l'eau.

2

En Franc' tout beau tout nouveau,
On aime à changer d'ministère,
La sauc' chang' dans la soupière,
Mais c'est toujours le mêm' fricot
Ils sont un' vingtaine
Qui dis'nt tour à tour : Il faut qu'on se soutienne
J'vous aurai sans peine
Un bon portefeuill' dans ma combinaison
A la condition
Qu'une fois dégommé
Dans la vôtr' vous m'f'rez entrer.

Refrain

Si tu veux faire avec moi la combiné
Nibé, Lubé,
Pin ! Pin ! la combinaise, ah !
Mon vieux rat
T'en seras
Mais si tu n'veux pas faire la combiné
Nibé, Lubé,
Pin ! Pin ! La combinaise, oh !
Mon poulot
Tu rest'ras l'bec dans l'eau.

4

Pour prendr' les terr's des colons
On voit plus d'une grand'puissance
Qui cherche à fair'alliance
Avec des plus petit's nations.
Ell' dit, f sant risette,
Voilà mes soldats, aboul'ta galette,
Nous f'rons des conquêtes

Donn' moi ce que t'as, j'te donn'rai ce que j'ai.
Pour nous associer.
Prêt'moi tes millions
J'te prêt'rai mes bataillons.

Refrain

Si tu veux faire avec moi la combiné
Nibé, Lubé,
Pin ! Pin ! La combinaise, ah !
Des soldats,
T'en auras.
Mais si n'veux pas faire la combiné
Nibé, Lubé,
Pin ! Pin ! La combinaise, ah !
Dans c'cas là
C'est sur toi qu'on tap'ra.

5

Au moment des élections
Messieurs les candidats s'démènent,
Ils font les énergumènes
Dans les salles de réunions
Au moment du vote
Le brave électeur qui connaît la carotte
Dit au patriote :
Avant le scrutin, mon vieux tu me donn'ras
Un bureau d'tabac
Les palm's ou la croix
Afin d't'assurer ma voix.

Refrain

Si tu veux faire avec moi la combiné
Nibé, Lubé,
Pin ! Pin ! La combinaise, ah !
Candidat
Tu l'auras *ou* Tu pass'ras
Mais si tu n'veux pas faire la combiné
Nibé, Lubé,
Pin ! Pin ! La combinaise, ah !
Tu t'tap'ras
C'est pour l'autr' qu'on vot'ra.

(Les parisiens qui connaissent la nouvelle scie des boulevards chantent au refrain. Ce qui met le public en délire).

(Après ce morceau, John rejoint Anatole qui se trouve dans le jardin et lui adresse des reproches.)

JOHN

Gentlemen Natole, je étais très mécontent de vo.
Vo introduisez moa en horreur.

ANATOLE

Comment cela ?

JOHN

Yess, je recevai à l'instant oune télégramme du *Lizerpool-Gazette*, blâmant moa de fournir de fausses nouvelles.

ANATOLE

Mais, çà arrive à tous les reporters.

JOHN

No, çà me arrivait jamais, jamais entendez-vo.
Je étais si prontitoude que je touerais vo, si je retenais le colère de moi, beaucoup fort.

SCÈNE X

JENNY (*se levant de son siège elle va parler à Anatole*)

Vous voulez vous battre en duel avec cet anglais ?

ANATOLE

Non, Jenny. La lutte avec sir John sera plus pacifique que vous ne pensez.
Croyez à ma parole. Je partirai demain, mais sitôt la guerre terminée, je reviendrai demander votre main à votre tuteur. Nous signerons ainsi la vraie alliance franco-russe.

ANATOLE (*à John*)

C'est un duel alors, je l'accepte à la condition que vous consentiez à me suivre partout où il me plaira de choisir le terrain et le lieu que je croirai propice.

JOHN

Yess, je acceptai tout pour touer vo.

ANATOLE

Dans quinze jours, par le transsiberien nous serons à Vladivostok, vous à bord de l'escadre japonaise,moi, je ne vous dis, pas où.Nous lutterons jusqu'au bout.Le hasard décidera du reste.

JOHN

Je souis à votre dispositione. Dans 15 jours à Vladivostok. Le temps de reprendre mon velise et je pars. Good night !

SCÈNE XI

LE RÉGISSEUR

Nous allons terminer la représentation par le ballet franco-Russe.

Seize danseuses dont huit en costumes de marins français, huit en costumes de la marine russe Elles portent de drapeaux des deux puissances et dansent un ballet.)

rideau

Acte III

Tableau III

En rade de Port-Arthur

(Le décor représente une scène maritime).

Le fond d'horizon marque le bateau de pêche qui doit servir à l'apothéose.

Dans les deux premières coulisses, à la droite des spectateurs, deux cuirassés Japonais. Dans les deuxième et troisième coulisses de gauche, deux cuirassés portant le pavillon russe. Les officiers sont sur la dunette et observent l'horizon avec des lunettes d'approche.

SCÈNE I

JOHN

(Paraissant sur le pont du navire Japonais, sa valise d'une main et son pare-poussière sur le bras gauche).

Enfin, ce ne était pas trop tôt, je étai errivé.

Le transibérien ne pas faire le bonheur de moa, dou tout. Mauvaises banquettes, mauvaises foumées, mauvaises figoures aux stationes, mauvaise partout.

Ah ! ce n'est pas le confòrtable de névigatione, Compény de Manchester, sour les transatlantiques du pacific océan. Ah yès siouperbe le confòrtable. Je étai sour le Manchester-Indiana, le plou bieautiful navire de l'Europe. postal-dépêche. Quelle installatione !

Aussi, pour le névigatione. Vive le Angleterre !

(Il feuillette sa correspondance).

En quittant la gare, oune guide me attendait pour me condouire ici :

Le *Liverpool-gazette* avait envoyé à moa oune autorisatione de l'Empereur Mikado de prendre passage sour cette névire de guerre

Japonais, afin que d'après autorisatione des gouvernementes, les télégrammes, que je transmettai soient plou précis.

(On entend plusieurs coups de canons).

Oh ! oune alerte sans doute. Les escadres désirent vivement se rencontrer depouis plousieurs jours. Voyons avec mon lounette, je découvrirai peut-être quelque chose.

Dans le lointain, très loin, oune bâteau, mais moa pas distingué le pavillon de loui.

(On entend de nouveaux coups de canon) John, effrayé, fait des efforts pour se raidir sur les jambes.

Mais, j'y pense, qu'est devenou cette français, le d'journalisse périsien qui avait à moa donné rendez-vous ici ? Il a une cousin, gentleman Arthur si je me rappelle bien son conversatione.

Je n'ai pas vu loui, ni dans le transibérien, ni dans le statione, ni au poste, ni au télégraphe, ni noulle par t. C'est encore une tour de loui, de m'indiquer le transibérien, cette mauvaise chemin de fer. Où peut-il bien être loui ?

SCÈNE II

JOHN, LE CAPITAINE (*légèrement grincheux*).

Je n'en sais rien. Dans tous les cas, monsieur John, vous ne pouvez rester ici.

Un engagement pourrait avoir lieu et on ne sait jamais ce qui peut en résulter. Rejoignez la cabine qui vous a été réservée dans l'entrepont jusqu'à nouvel ordre. Ici vous gêneriez les manœuvres.

SCÈNE III

(A ce moment plusieurs matelots viennent chercher des cordages et bousculent légèrement John).

JOHN

C'est biene, je dérange moa de ce place, tout de souite, mossieur l'officier.

(*A part*). Un peu brousque ce japonais. S'il récommence, je plaindrai moa à mon gouvernemente. (*Il sort*).

SCENE IV

JOHN

(Avançant la tête tout en descendant du pont).

Et aussi au *Liverpool-gazette*.

LE CAPITAINE

Plains-toi au diable, si tu veux. Ces reporters anglais sont insupportables. Depuis le commencement de la campagne, nous en avons eu constamment à bord, je sais ce qu'ils valent. Quand ils ont parlé du confôrtable *(il appuie)* des bâtiments anglais, il n'y a plus rien à ajouter. *(S'adressant aux matelots)*. Tenez-vous prêts à mettre les nacelles à la mer en cas d'avaries et au premier signal.

(On entend de loin en loin des coups de canon). Braquant sa lunette.

La brume m'empêche de reconnaître les couleurs du pavillon d'un navire qui s'avance. Quelques charbonniers peut-être qui cherchent un lieu de déchargement pour éviter le blocus .. On dirait qu'il navigue sur place. En deux coups de barre il pourrait être sur nous... Il allume ses feux..... Sans doute à cause de la brume..... Je ne distingue toujours pas le pavillon..

(Ecoutant le chœur qui commence).

Ils chantent !..... Ce sont des sardiniers sans doute..... De pauvres diables qui croient peut-être compléter leur cargaison dans ces parages.

(Le chœur prend fin au moment où le 2e fond se lève).

Ciel !... . Un navire français !

(John remonte sur la dunette),

SCÈNE V

LE CAPITAINE, JOHN

JOHN

Permettez, capitaine, je pouis vous donner des renseignementes.

Tableau IV

(La toile du fond se lève. Un grand voilier à trois mâts, monté par des pêcheurs apparaît toutes voiles déployées et l'équipage au complet. Les matelots qui sont sur le pont font escorte à la France représentée par une déesse, la déesse de la fraternité des peuples. Les mousses sont disséminés dans les mâts et dans la voilure jusqu'au sommet du mât de misaine).

(Un peu avant le lever du rideau, on entend le refrain des pêcheurs, en sourdine).

Les Pêcheurs français

Pêcheurs, aux cieux, l'aube étincelle,
La brise enfin, souffle du Nord
Partons gaiement, la mer est belle
Embarquons-nous avec transport,
Avec transport nous reviendrons au port.

(*rentrée*)
Narguons la fureur des vents et de l'orage !

(*réponse*)
Prions la madone en quittant le rivage !

(*rentrée*)
Sachons en tout lieu braver sur notre bord,

(*réponse*)
La Mort !

Pêcheurs aux cieux l'aube étincelle,
La brise enfin, souffle du Nord,
Partons gaiement, la mer est belle !
Embarquons-nous avec transport !
Avec transport, nous reviendrons au port !

(*rentrée*)
Quand sur les flots le Vésuve à nos yeux
Disparait comme un rêve !

(*réponse*)
Gais matelots, répétons notre chant d'adieu

(*rentrée*)
Les doux échos de ce chant fraternel
Acclamé sur la grève.

(*réponse*)
Du sein des eaux monteront vers Dieu.

(*Reprise de l'ensemble*)
Pêcheurs aux cieux l'aube étincelle.

JOHN

(*Braquant sa lunette sur Anatole*((*surpris*). C'était le reporter français que je avais quitté à Pétersbourg. (*haut*) Je vous reconnais, gentleman.

ANATOLE

Et moi aussi, sir John de Liverpool. Je vous l'avais prédit que je vous rencontrerais avec l'escadre ennemie.

JOHN

Que venir faire vous en ces parages ?

ANATOLE

Œuvre d'union. Nous ne sommes ici ni à bord d'un torpilleur, ni à bord d'un cuirassé de premier rang, vous le voyez.

Mes amis et moi montons une barque de pêcheurs. Ceux-ci travaillent pour le bien de l'humanité et non pour la destruction des peuples.

LE CAPITAINE

Qu'est ceci ? Encore un des neutres chargé sans doute du ravitaillement de nos adversaires.

LA FRANCE

(*D'une voix forte*) Russes et Japonais, dites à Leurs Majestés le tzar, empereur de toutes les Russies et au Mikado, empereur du Japon. que les peuples de l'Occident aspirent à la paix. Tout en vous décernant la couronne civique, ils seraient heureux et fiers de voir régner en Extrême-Orient, la paix et la concorde. Ils vous dédient ces strophes :

Le Conquérant, *récit.*

Au conquérant fameux, qu'importe la douleur
Du peuple qu'il combat. s'il en est le vainqueur ;
Qu'importent des sujets les soucis et les larmes :
N'est-il pas le guerrier vaillant dans les alarmes ?
Et, ne l'a-t-on pas vu, comme un simple soldat,
S'élancer dans les rangs, au milieu du combat ?
Rien ne doit résister : il lui faut la victoire.
La bataille est son jeu ; la conquête est sa gloire ;
Et, s'il détruit parfois des villes en passant,
S'il asservit des rois contre lui combattant,
Il ne jette jamais un regard en arrière,
Craignant que du passé franchissant la barrière,
Chaque soldat tombé, chaque débris sanglant,
Obscurcisse à son front le nom du conquérant.

Alexandre, jamais, ne connut les défaites.
Les peuples effrayés de ses grandes conquêtes,
Se soumirent tremblants sous ses guerrières lois ;
Et, quand il eut vaincu les peuples et les rois ;
Et, quand il eut porté ses armes triomphantes
Des pays tempérés jusqu'aux terres brûlantes,
De la mer d'Hellespont jusqu'au rivage indien,
Quand il eut rehaussé l'éclat macédonien ;
Quand il eut combattu sur la terre et sur l'onde,
Guerrier toujours vainqueur, nommé maître du monde,
L'univers trop petit pour contenir son nom,
Vint ramper à ses pieds aux accents du clairon.

Un homme osa braver l'empereur de la terre.
C'était un vieux marin qui vivait solitaire,
Au bord de l'océan aux flots tumultueux.

Au milieu du danger, toujours fier et joyeux,
Il abordait la nuit sur un voisin rivage,
S'emparant des cités, qu'il livrait au pillage.
Les pirates des mers, reconnaissant sa loi
Au bruit de ses succès, l'avaient nommé leur roi.
Roi tout aussi vaillant que l'empereur lui-même,
Guerrier aventureux, chef à l'ordre suprême,
De son léger esquif il sillonnait les eaux,
Bravant dans les périls, les soldats et les flots.
Un jour, dans la bataille, il se laissa surprendre,
Par des soldats thébains aux ordres d'Alexandre :
Rien ne put empêcher la perte du guerrier
Avec ses compagnons il fut fait prisonnier.
L'empereur l'aperçut, mais toute sa colère,
Ne put intimider le marin téméraire :
— De quel droit, lui dit-il, infestes-tu les mers ? »
— « Du même que le tien de piller l'univers !
Je brûle des cités, tu dévastes le monde,
Et je vis méprisé, quand ta gloire est profonde.
Tu conduis des vaisseaux : ton nom est conquérant.
Ma nacelle est petite : on me nomme brigand.

O poètes rêveurs ! vous qui chantez la gloire,
Qu'adviendrait-il souvent au temple de Mémoire,
Pour un héros fameux, pour un nom respecté,
Si le temps à chacun donnait l'Egalité ?
On entendrait voler alors, de bouche en bouche,
Alexandre, Mandrin, Napoléon, Cartouche.

Apothéose

(A ce moment des feux oxhydriques sont dirigés sur la France et sur tout l'équipage).

L'AMIRAL

Qui êtes-vous pour parler ainsi ?

LA FRANCE

(Vêtue à la romaine et portant l'écharpe tricolore, elle tient un flambeau de la main droite).

Qui je suis ?..... Mon navire est la *France*.

Mon pavillon aux trois couleurs est la devise d'union et de fraternité.

Mon gouvernail est celui de l'Egalité des peuples.

Et j'ai pour flambeau : *La liberté éclairant le monde*.

(A ce moment l'orchestre attaque vigoureusement la *Marseillaise*, et tandis que le rideau descend très lentement, les pêcheurs chantent en sourdine le chœur, comme s'ils reprenaient le large).

(*Rideau*).

www.ingramcontent.com/pod-product-compliance
Lightning Source LLC
LaVergne TN
LVHW021635170726
843501LV00007B/2224
* 9 7 8 2 3 2 9 6 5 1 0 6 4 *